Tierisch was los!

Welches Tier frisst welches Tier?

Texte von
Astrid Otte

Illustrationen von
Svenja Doering

Sonderausgabe

MIX
Papier aus verantwortungsvollen Quellen
FSC® C108080

Baierbrunner Straße 27, 81379 München

Text: Astrid Otte
Illustration: Svenja Doering
Chefredaktion: Dr. Matthias Feldbaum
Redaktion: Elena Bruns
Fachredaktion: Dr. Heidi Schooltink
Produktion: Ute Hausleiter
Abbildungen: siehe Bildnachweis S. 80
Titelillustration: Svenja Doering
Gestaltung: ekh Werbeagentur GbR
Umschlaggestaltung: Hartmut Baier, PIXELCOLOR

ISBN 978-3-8174-9721-8
381749721/1

www.compactverlag.de

Vorwort

Liebe Tier-Entdecker,

fressen und gefressen werden – das mag sich im ersten Moment nicht sehr schön anhören. Doch es besagt, dass in der Natur alle Lebewesen füreinander wichtig sind.

Am Anfang einer Nahrungskette stehen immer Pflanzen, die ihre Nahrung mithilfe von Sonnenlicht aus Kohlenstoffdioxid und Wasser selbst herstellen können. Diese werden von einem Pflanzenfresser gefuttert. Der Pflanzenfresser ist Nahrung für einen Fleischfresser. Dieser kann wiederum von einem größeren oder stärkeren Fleischfresser gefressen werden.

Nahrungsketten sind wichtig für das Gleichgewicht in der Natur. Ohne Pflanzen gäbe es keine Tiere. Ohne Pflanzenfresser keine Fleischfresser. Wenn ein Glied aus der Kette herausbricht oder zu schwach wird, ist das Gleichgewicht gestört. Sterben zum Beispiel die großen Raubtiere aus, haben ihre Beutetiere weniger natürliche Feinde und vermehren sich stärker. Das kann dazu führen, dass Gräser und Kräuter in dem Lebensraum der Pflanzenfresser zu stark abgeweidet werden, sodass nicht mehr genügend Pflanzen nachwachsen können. Finden die Pflanzenfresser nicht mehr genug Nahrung, sterben auch sie. Du siehst, alle Lebewesen in einem Lebensraum hängen voneinander ab. So haben alle eine wichtige Funktion in der Natur.

In diesem Buch findest du 18 Nahrungsketten, die dir erklären, wer von wem abhängt. Zuerst werden dir auf einer Doppelseite die verschiedenen Tiere einer Nahrungskette vorgestellt. Na, errätst du, wer wen frisst? Blätterst du um, siehst du, wer auf wessen Speiseplan steht.

Der Vogel

Amsel, Drossel, Fink und Star kennst du sicher nicht nur aus dem bekannten Kinderlied, sondern hast die Piepmätze schon einmal draußen zwitschern gehört. Buchfink, Spatz und Amsel kommen bei uns am häufigsten vor.

Gern gesehener Gast

Den trällernden Federtieren kannst du in der Stadt, auf dem Dorf, im Wald und auf Wiesen begegnen. Häufig sind viele Arten Gast in unseren Gärten und bauen sich ein Nest in Hecken, auf Bäumen oder in Büschen. Alle Vögel tragen ein Federkleid und besitzen Flügel und einen Schnabel.

Die Blattlaus

Blattläuse hast du bestimmt schon einmal auf einer Zimmerpflanze oder im Garten gesehen. Diese winzigen Insekten leben nämlich auf Pflanzen und können bis zu sieben Millimeter groß werden.

Farbenvielfalt

Die Krabbeltiere mit sechs Beinen, einem Fühlerpaar und dem borstigen Saugrüssel kannst du in den unterschiedlichsten Farben beobachten: Sie schimmern grün, schwarz, gelb, rot oder bräunlich. Einige besitzen sogar Flügel. Hast du beispielsweise eine Blattlaus an einem Stängel einer Sonnenblume entdeckt, kannst du sicher sein, mehrere dieser rundlichen Tierchen zu finden. Sie treten üblicherweise in Massen auf.

Der Marienkäfer

Der Anblick eines putzigen Marienkäfers erfreut die Menschen sehr. Der bei uns bekannteste Marienkäfer ist der Siebenpunkt. Das kleine halbkugelige Kerlchen hat sieben schwarze Punkte auf seinen roten Deckflügeln. Die verschiedenen Arten unterscheiden sich im Aussehen und können bis zu neun Millimeter groß werden. Sie können rot, gelb, schwarz, orange oder bräunlich sein, mit Punkten oder ohne. Dank ihrer Flügel können die meisten Arten fliegen.

Wo leben die munteren Käfer?

Du findest die niedlichen Tiere am Waldrand, im Garten, auf der Wiese oder in Mooren. Von Herbst bis Frühling überwintern sie in großen Schwärmen im Laub, Moos und in Hohlräumen oder flüchten gemeinsam in wärmere Regionen.

Gefräßiger Krabbler

Wie du bereits weißt, lebt die Blattlaus auf Pflanzen. So ist es kein Wunder, dass sie ausschließlich Pflanzen frisst, genauer gesagt den Pflanzensaft. Mit ihrem Saug- oder Stechrüssel nimmt die kleine Laus den Pflanzensaft auf. Diese leckere Mahlzeit ist zwar lebenswichtig für das Krabbeltier, aber bei der Pflanze kann das zu großem Schaden führen. Ernähren sich ganz viele Blattläuse von einer Pflanze, kann diese sogar absterben.

Alles aufgefuttert

Der Marienkäfer befreit die Pflanzen von Schädlingen, denn auf seinem Speiseplan stehen hauptsächlich Blattläuse. Ein ausgewachsener Käfer verputzt schon mal 100 Blattläuse am Tag.

Kein Wunder, dass Marienkäfer extra zur Blattlausbekämpfung gezüchtet werden. Tummeln sich auf deiner Lieblingspflanze Läuse, setzt du einfach Marienkäfer darauf, die die Störenfriede auffuttern.

Sehr clever ist es von den Marienkäferweibchen, dass sie ihre Eier auf der Blattunterseite ablegen, da die Larven ebenfalls Blattläuse vertilgen, um zu ausgewachsenen Marienkäfern zu werden. Verschiedene Arten fressen außerdem Schimmelpilze, Spinnmilben, Wanzen und Schmetterlingslarven.

In Deckung!

Viele Vogelarten sind Allesfresser, das heißt, sie futtern Körner, Samen, Früchte und tierische Nahrung. Insbesondere im Frühjahr zur Brutzeit und im Sommer schätzt das Federvieh eiweißhaltige Leckerbissen wie Käfer, Spinnen, Regenwürmer oder Raupen. Einige Arten verfüttern kleine Insekten und andere wirbellose Tiere direkt an die Jungvögel. Auch der eine oder andere Marienkäfer steht unfreiwillig auf dem Speiseplan.

Der Eisbär

Der Eisbär trägt seinen Namen zu Recht, denn er lebt in der schneebedeckten Arktis. Sein dichtes, weißes Fell schützt den Bären vor der Kälte und tarnt ihn. Auch wenn du am liebsten mit ihm knuddeln möchtest, ist der Eisbär ein Raubtier – und ganz schön gefährlich. Männchen können bis zu drei Meter groß werden und über 500 Kilogramm wiegen.

Ein Wanderer

An manchen Tagen marschiert der Einzelgänger stundenlang viele Kilometer durch sein Revier. Darüber hinaus ist er ein ausgezeichneter Schwimmer, der viele Kilometer im Wasser zurücklegen kann.

Der Krill

In allen Ozeanen der Welt ist der Krill zu Hause. Dass du einem dieser Kleinkrebse beim Baden begegnest, ist eher unwahrscheinlich. Denn die bis zu sechs Zentimeter langen, garnelenartigen Tiere leben in riesigen Schwärmen in den Weiten der Meere.

Unterwasser-Leuchter

Der Krill wird auch Leuchtkrebs genannt, da die meisten Krillarten Leuchtorgane besitzen, die blaues Licht aussenden. Das kannst du dir so ähnlich vorstellen wie bei einem Glühwürmchen.

Die Robbe

Das massige Walross mit den dicken Stoßzähnen, der putzige Seehund und die kleine Ringelrobbe – sie alle gehören zu den Robben. Diese Säugetiere leben sowohl im Wasser als auch an Land.

Exzellente Schwimmer

Dank ihres stromlinienförmigen Körpers sind Robben gute Schwimmer und Taucher. Anstelle der Vorder- und Hinterbeine besitzen sie Flossen. Vor allem in den kalten Gewässern, wie in den Meeren der Arktis und Antarktis, fühlen sich die Tiere wohl.

Der Fisch

In unseren Meeren, Flüssen und Bächen tummeln sich unzählige Arten von Fischen. Das Aussehen und der Lebensraum der Wasserbewohner können sehr verschieden sein. Von gefährlichen Haien, Schwertfischen mit langen Schnauzen und farbenfrohen Clownfischen hast du bestimmt schon Bilder gesehen. Alle Fische besitzen Flossen, mit denen sie schwimmen.

Lebenslang unter Wasser

Wir Menschen können nur wenige Minuten unter Wasser bleiben, die Fische ihr Leben lang. Dabei helfen ihnen die Kiemen, die den Sauerstoff aus dem Wasser ziehen, damit sie atmen können.

Ein Wasserfilter

Der Krill filtert seine Nahrung aus dem Wasser. Zu seiner Lieblingsspeise gehört Phytoplankton, das sind verschiedene Algenarten und Bakterien. Der Antarktische Krill grast sogar den Meeresboden in bis zu 1000 Metern Tiefe nach Essbarem ab.

Unterwasser-Schmaus

Fische können Pflanzenfresser, Fleischfresser und Allesfresser sein. So gibt es kleine Fische, die gern Phytoplankton vertilgen, das du bereits als Lieblingskost des Krills kennengelernt hast. Große Fische fressen häufig kleinere Fische. Der Atlantische Hering, der in großen Schwärmen durch den Nordatlantischen Ozean zieht, hat auf seinem Speiseplan unter anderem den Krill als Hauptgang stehen.

Ab ins Fischrestaurant!

Wer an Land etwas unbeholfen umhertapst und im Meer ein wahrer Schwimmkünstler ist, der sucht sich seine Nahrung natürlich unter Wasser. Der Atlantische Hering steht neben Dorschen, Makrelen und Plattfischen ganz oben auf der Speisekarte von Robben. Einzelne Robbenarten fressen außerdem Krill, Schnecken oder Muscheln. Kleine Fische vertilgen die Raubtiere direkt unter Wasser. Größere Beute wird an Land geschleppt und dort aufgefuttert.

Schnüffelnase

Auch wenn der Eisbär ein guter Schwimmer ist, jagt er seine Beute meistens an Land. Dabei ist ihm seine knuffige schwarze Nase eine große Hilfe. Mit dem feinen Geruchsorgan kann das Raubtier seine Beute in über einem Kilometer Entfernung riechen. Auf der Liste seiner Lieblingsspeisen stehen Robben ganz oben. Der Eisbär hat einen riesigen Magen, sodass er ganz viel auf einmal fressen kann, um für schlechte Zeiten gewappnet zu sein. Natürliche Feinde hat der Eisbär nicht. Trotzdem ist er gefährdet, da die Temperaturen auf der Erde immer wärmer werden und das Eis am Nordpol immer weniger wird. Der Eisbär braucht jedoch das Eis zum Jagen, im offenen Wasser schwimmen ihm die Robben meist davon.

Das Eichhörnchen

Klettermeister

Mit einem Körpergewicht von höchstens 400 Gramm sind die drolligen Tiere wendige Klettermeister. Sie bewohnen Bäume, springen von Ast zu Ast und jagen die Stämme rauf und runter. Mit den Pfoten krallen sich die Einzelgänger dabei an der Rinde fest und haben beim Kraxeln ein leichtes Spiel. Früher konntest du das niedliche Eichhörnchen meist bei einem Waldspaziergang erblicken, heutzutage findest du das rötliche Nagetier verstärkt in Parks und Gärten. Sein buschiger Schwanz ist mit etwa 20 Zentimetern fast so lang wie der gesamte Körper, der bis zu 25 Zentimeter misst.

Steinmarder

Der Marder

Vielleicht haben sich deine Eltern schon einmal beschwert, dass jemand die Kabel an ihrem Auto angeknabbert hat. Das könnte ein Steinmarder gewesen sein, der dafür bekannt ist. Die Familie der Marder umfasst nicht nur Baum- und Steinmarder, sondern auch Dachse und Otter. Der Baummarder, der rötlich braun gefärbt ist und einen gelblichen Kehlfleck hat, sowie der Steinmarder, der einen weißen Kehlfleck und graubraunes Fell besitzt, gehören in die Gruppe der Echten Marder.

Der Uhu

Wahrscheinlich hast du noch keinen Uhu in der freien Natur erspäht, denn die große Eule kann sich dank ihres graubraun gescheckten Gefieders sehr gut tarnen und ist hauptsächlich nachts unterwegs. Aber der Ruf eines Uhus könnte dir einmal zu Ohren gekommen sein: Wie dir sein Name sagt, singt der Vogel „uhu".

Alles hören und sehen

Der Uhu ist die größte Eule und besitzt auffällig spitze Ohren sowie orangefarbene, leuchtende Augen. Den Uhu findest du bei uns in Felslandschaften. Auch in Wäldern und Gebieten mit Freiflächen und Gewässern hat der Vogel sein Revier.

Im Wald und in der Stadt

Marder sind schlanke, eher kleine Tiere mit einem länglichen Körper. Der Baummarder lebt bevorzugt im Wald, der Steinmarder hingegen sucht die Nähe zum Menschen. Vor allem nachts sind die Einzelgänger unterwegs, tagsüber ruhen sie sich gern in unterirdischen Verstecken oder auf Bäumen aus.

Nussknacker

Kannst du dir vorstellen, mit den Zähnen eine Haselnuss zu knacken? Probier das bitte nicht aus, denn du bist kein Eichhörnchen. Die flinken Nagetiere besitzen nämlich spezielle Nagezähne, mit denen sie ihr Lieblingsfutter, die Haselnüsse, aufbeißen. Insgesamt sind Eichhörnchen Allesfresser, so verzehren sie außerdem Samen, Beeren, Pilze, Insekten und Schnecken.

Im Herbst futtern sie sich ein Fettpolster an, um über den Winter zu kommen. Zusätzlich vergraben die Klettertiere Nahrungsvorräte für die kalte Jahreszeit in der Erde. Sollten sie vergessen, wo sie die leckeren Samen versteckt haben, kann es passieren, dass im nächsten Jahr ein kleines Bäumchen daraus entsteht.

Es wird gefressen, was auf den Tisch kommt …

Der Uhu richtet seinen Appetit ganz danach aus, was sein Jagdrevier hergibt. Dabei stehen vor allem kleine und mittelgroße Säugetiere wie Mäuse, Hasen und Kaninchen auf dem Speiseplan. Auch Vögel wie Krähen, Tauben und kleine Eulen verschmäht er nicht. Ebenso wie der Marder jagt der Uhu bevorzugt in der Dämmerung und bei Nacht. So kann der Marder einem Uhu-Angriff aus der Luft zum Opfer fallen. Doch auf der anderen Seite kann der Marder den kleinen Jungvögeln des Uhus gefährlich werden. Hier zeigt sich, wie eng das Leben vieler Tiere voneinander abhängt.

Nachts, wenn alles schläft …

Wenn die Dämmerung beginnt, kommt der Marder aus seinem Versteck und geht auf die Jagd. Das kann so manches Tier beim Schlafen überraschen. Zum Beispiel das Eichhörnchen, das sich nachts in seinen Kobel hoch oben in den Bäumen zurückzieht. Da auch Marder gut klettern können, zählt das Nagetier zu ihrer Beute. Echte Marder sind Allesfresser, die sich mit Früchten, Beeren, Nüssen, kleinen Säugetieren, Vögeln und Insekten zufriedengeben.

Der Löwe

Wer kennt ihn nicht, den „König der Tiere“? Die auffällige Löwenmähne tragen aber nur die Männchen. Der Lebensraum der Raubtiere, die bis zu drei Meter lang und etwa 200 Kilogramm schwer werden können, ist die Grassavanne oder die Halbwüste. Die Großkatze mit dem kurzen gelblichen oder sandfarbenen Fell lebt vor allem in Afrika südlich der Wüste Sahara. Auch in Asien gibt es die wilden Tiere. Den Asiatischen Löwen findest du in einem Nationalpark in Indien.

„Gemeinsam sind wir stark“

Antilopen sind gesellige Tiere, die in Gruppen oder Herden leben. Bei manchen Arten bestehen die Gruppen ausschließlich aus Weibchen mit ihren Jungtieren, bei anderen leben auch die Männchen mit in der Herde. Die Größe der Herden ist unterschiedlich: Manchmal finden sich zehn bis dreißig Tiere zusammen, bei anderen Arten sind es über hundert oder tausend wie beim Gnu.

Gnuherde

Die Antilope

Oryx-Antilope

Unter Antilopen versteht man viele verschiedene Arten von horntragenden Wiederkäuern. Antilopen sind wild lebende Hornträger in Afrika und Asien. Es gibt Hunderte von Arten, die sich in ihrem Aussehen und ihren Lebensgewohnheiten unterscheiden. Die schlanke, zierliche Gazelle ist eine davon.

Kleine Gazellenarten erreichen nur eine Standgröße von etwa einem halben Meter. Dafür sind sie sehr flink und können mit 60 Stundenkilometern durch die Steppe oder Savanne preschen. Die Männchen der Oryx-Antilopen hingegen können bis zu 1,80 Meter groß werden. Bei den meisten Antilopenarten tragen sowohl Weibchen als auch Männchen Hörner. Diese können je nach Art unterschiedlich lang sein, aber auch gekrümmt oder gedreht.

Gazellen

Leben in der Großfamilie

Der Löwe ist ein Rudeltier, das heißt, er lebt in einer Art Großfamilie mit anderen Löwen zusammen. Ein Rudel besteht aus untereinander verwandten Weibchen und ihren Jungen sowie ein paar Männchen. Die Weibchen bleiben üblicherweise lebenslang in einem Rudel. Ein Männchen kann vertrieben werden, falls es zu einem Kampf unter den Löwenmännchen kommen sollte.

Reine Pflanzenfresser

Kannst du dir vorstellen, nur Gemüse zu essen? Antilopen schon, denn sie futtern hauptsächlich frisches Gras und Laub. Verschiedene Arten erweitern ihr Nahrungssortiment noch mit anderem pflanzlichen Futter wie Wurzeln, Knollen und Früchten. Die Trinkgewohnheiten der einzelnen Antilopenarten sind ganz unterschiedlich. Die Sitatunga-Antilopen leben beispielsweise in der Nähe von Flüssen und Gewässern und fressen Schilf und Wasserpflanzen, in denen viel Wasser gespeichert ist. Die Oryx-Antilopen wiederum sind an die Bedingungen der Wüste angepasst und können längere Zeit ohne Wasser auskommen.

Gefahr in Verzug

Wie du schon weißt, leben die Antilopen in Herden. Gemeinsam können sie sich besser vor Feinden schützen. Nyala-Antilopen geben sich beispielsweise bei Gefahr ein Zeichen. Nähert sich ein Raubtier, hebt die Antilope, die es bemerkt hat, den Schwanz und ein weißer Fleck am Hinterteil, der sogenannte Spiegel, wird sichtbar. Somit wissen die Tiere, dass sie schnell weglaufen müssen.

Alle aufgepasst!

Damit ihn niemand bemerkt, schleicht sich der Löwe ganz langsam an seine Beute heran. Wenn er sich bis auf wenige Meter angenähert hat, springt das Raubtier in mehreren großen Sprüngen auf das Beutetier zu und reißt es nieder. Sowohl Weibchen als auch Männchen gehen bevorzugt bei Dunkelheit oder in den Morgenstunden auf die Jagd nach Antilopen, Zebras oder Büffeln.

Männchen zuerst

Hat ein Rudeltier die Beute erlegt, wird sie mit allen Familienmitgliedern geteilt. Allerdings darf das ranghöchste Männchen sich als Erstes den leckersten Bissen aussuchen. Danach fressen die anderen Männchen, dann die Weibchen und zuletzt kommen die Jungen auf ihre Kosten.

Der Kaiman

Einem ausgewachsenen Kaiman möchtest du gewiss nicht auf offener Straße begegnen. Das wird dir hier auch wahrscheinlich nicht passieren, denn die Reptilien, die zu den Krokodilen gehören, leben ausschließlich in Mittel- und Südamerika. Dort bewohnen sie Süßgewässer wie Flüsse, Sümpfe, Seen mit schlammigem Boden und überflutete Gebiete. Ihre Lieblingsbeschäftigung ist es, am oder im Wasser auf der Lauer zu liegen. Es gibt verschiedene Arten von Kaimanen, die grau, olivgrün oder bräunlich gefärbt sind.

Langer Körper, langes Leben

Die Körperlänge der einzelnen Arten ist unterschiedlich. Beispielsweise wird der Brauen-Glattstirnkaiman nur bis zu 1,20 Meter lang, wohingegen es der Mohrenkaiman auf bis zu sechs Meter bringt. Beachtlich: Kaimane können bis zu 100 Jahre alt werden.

Der Krebs

Die winzigen Urzeitkrebse, die nur wenige Zentimeter groß werden, gehören genauso wie der riesige Hummer zu den Krebstieren. Und selbst die Kellerassel ist ein Krebs! Weltweit gibt es viele Tausend Krebsarten, die sich in Aussehen, Verhalten und Lebensraum stark unterscheiden. Du kannst sie im Meer, in Süßwassergewässern oder an Land finden. Krebse gehören zu den wirbellosen Tieren und besitzen zwei Antennenpaare. Um sich zurechtzufinden, tasten sie die Umgebung mit diesen Fühlern ab.

Einsiedlerkrebs

Flusskrebs

Die Anakonda

Sind Schlangen nicht beeindruckend, wie sie sich elegant und schnell auf dem Boden schlängeln? Aber so ganz geheuer scheinen uns diese Reptilien meist nicht. Wer weiß, ob sie nicht giftig sind? Die Anakonda ist ein Riesenexemplar von Schlange, das in Südamerika lebt. In Seen, Flüssen oder Sumpfgebieten fühlt sie sich wohl. Es gibt mehrere Anakondaarten, die alle nicht giftig sind. Die bekannteste ist die Große Anakonda, die olivgrün und braun gefärbt ist und mehrere Meter lang wird.

Die alte Haut muss weg Schlangenhaut besteht aus vielen hornartigen Schuppen. Sie schützt vor Sonne und Austrocknung. Anders als bei dir wächst die Schlangenhaut nicht mit. Deshalb streifen Schlangen von Zeit zu Zeit ihre Haut ab.

Gegessen wird, was vor die Fühler kommt

So verschieden die Krebsarten sind, so unterschiedlich ist auch ihre Nahrung. Sie fressen, was ihre Umgebung ihnen bietet. Viele Krebsarten futtern Algen. Das sind pflanzenartige Lebewesen, die du in Salz- und Süßwasser findest. Vielleicht hast du auf einem Teich schon einmal einen grünlichen Film entdeckt – auch das sind Algen. Ebenso verspeisen Krebse Würmer und Schnecken. Bei größeren Krebstieren wie dem Flusskrebs oder dem Hummer stehen Frösche, Fische und Muscheln auf dem Speiseplan. Oft grasen die Krustentiere den Boden des Gewässers nach Beute ab.

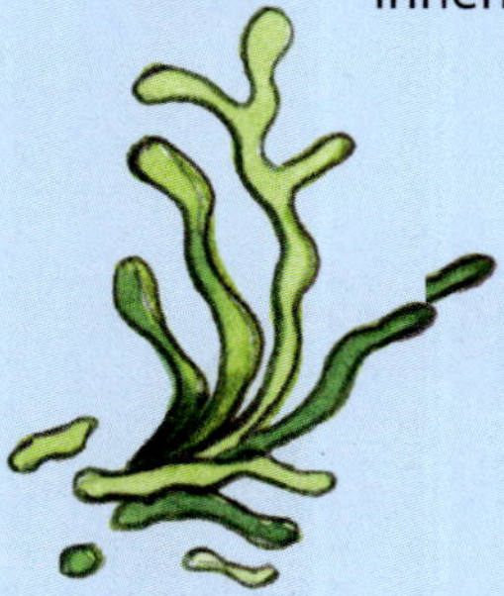

Schnappi schnappt zu!

Der Kaiman liegt häufig regungslos an Land oder im Wasser. Oft ragen nur die Augen und die Schnauze aus dem Wasser heraus. In dieser Position wartet das Raubtier auf Beute. Junge Kaimane fressen mit Vorliebe Krebse, Fische, Schnecken, Wasserinsekten und Frösche. Ausgewachsene Tiere verzehren auch größere Leckerbissen wie Schildkröten, Echsen, Schlangen und Säugetiere. Bei den Kaimanen kommt es sogar vor, dass sie andere Kaimanarten einfach auffuttern.

Ein ganzes Tier, bitte!

Geht die Anakonda auf die Jagd, wartet sie meist reglos im Wasser auf ihre Beute. Nähert sich eine geeignete Mahlzeit, beißt sich die Schlange an dem Tier fest und umschlingt es mit ihrem Körper, bis die Beute erstickt.

Die Riesenschlange verschlingt dann das erbeutete Tier als Ganzes mit dem Kopf voran. Zum Futter der Anakonda gehören Fische, Reptilien, Vögel und Säugetiere. Besonderen Appetit hat die Schlange auch auf junge Kaimane. Doch umgekehrt fressen Kaimane auch gern Schlangen wie zum Beispiel junge Anakondas. So jagen sich in der Natur die Tiere manchmal gegenseitig – und am Ende gibt es von jedem Tier nicht zu viele und nicht zu wenige.

Der Adler

Der Adler ist ein Greifvogel, der wegen seiner Größe als „König der Lüfte" bezeichnet wird. Die Flügelspannweite einiger Arten ist mit bis zu zwei Metern gewaltig. Auffällig ist außerdem der nach unten gebogene Hakenschnabel.

„Augen wie ein Adler"

Hat das schon einmal jemand zu dir gesagt? Dann kannst du sehr gut gucken. Genauso wie der Adler, der nicht nur scharfe Augen hat, sondern auch gleichzeitig nach vorn und zur Seite sehen kann.

Die Heuschrecke

Du sitzt an einem lauen Sommerabend im Garten und hörst zirpende Geräusche. Wenn du das schon einmal erlebt hast, hat dir mit Sicherheit eine Heuschrecke ein Konzert gegeben. Heuschrecken gibt es überall auf der Welt. Die Insekten sind meist grün oder braun gefärbt. Eine der bei uns am häufigsten vorkommenden Heuschreckenarten ist der Gemeine Grashüpfer, der sich vor allem auf Wiesen und Grünflächen wohlfühlt.

Weitspringer

Einige Heuschrecken können ein bis zwei Meter weit springen. Das ist sehr beachtlich, da ihre Körpergröße oft nur einige Zentimeter misst.

Die Maus

Das niedliche Nagetier flitzt blitzschnell über den Boden und schwups ist es verschwunden. Mäuse sind weltweit verbreitet. Meist schimmern sie gräulich oder bräunlich und können bis zu zwölf Zentimeter lang werden. Hinzu kommt der dünne, lange Schwanz.

Ungeliebter Mitbewohner

Mäuse bevölkern unterschiedliche Lebensräume: Sie leben in der Steppe, im Wald oder auf Feldern. Die bei uns häufig vorkommende Hausmaus sucht die Nähe zum Menschen. So kann es gut sein, dass sie sich bei uns Menschen im Keller einnistet.

Die Schlange

Das Kriechtier mit dem wendigen, schlanken Körper gibt es in vielen Größen. Eine Schlangenart in der Karibik ist nur zehn Zentimeter lang, Pythons hingegen können über acht Meter messen. Ebenso sind Färbung und Muster ihrer schuppigen Haut verschieden. Es gibt einfarbige, bunte, gepunktete oder gestreifte Arten.

Mit der Zunge schnuppern

Schlangen besitzen keine Augenlider und können nicht gut sehen. Dafür können sie mit ihrer gespaltenen Zunge gut riechen.

Heuschrecken im Anflug

Wer sich am liebsten auf Pflanzen aufhält, der futtert meist auch gern pflanzliche Kost. Heuschrecken ernähren sich von Blättern und Gräsern. Zusätzlich naschen sie kleine Insekten wie Blattläuse und Raupen. Hast du schon einmal von einer Heuschreckenplage gehört? Wenn sich manche Heuschreckenarten zu stark vermehren und somit ihr Futter knapp wird, schließen sie sich in Schwärmen zusammen und gehen auf die Suche nach Essbarem. Ein Schwarm kann aus 100 Millionen Tieren bestehen, die dann auch den Menschen ihre Nahrung wegfressen. Dadurch gerät das natürliche Gleichgewicht aus dem Lot.

Mäuse auf der Jagd

Mäuse sind Allesfresser. In der freien Natur ernähren sie sich von Samen, Nüssen, Kräutern und Pflanzen. Doch auch tierische Kost, wie Heuschrecken, steht bei vielen Arten auf dem Speiseplan. Einige Mäusearten wie die Waldmaus jagen nur nachts, andere wiederum, wie die Feldmaus, sind sowohl tag- als auch nachtaktiv. Lebt eine Hausmaus in einem bewohnten Gebäude, hat sie bei der Nahrungssuche ein leichteres Spiel: Sie futtert einfach von den Vorräten der Menschen mit.

In den Lüften

Der Adler hält meist aus der Luft oder von einem erhöhten Platz nach einem Leckerbissen Ausschau. Dank seiner scharfen Augen kann er die Beute gut sichten. Der Adler kann Beutetiere auf dem Boden oder im Wasser mit seinen scharfen Krallen im Flug ergreifen. Zur Beute des Adlers zählen kleinere Säugetiere, Vögel, Fische und Reptilien wie Frösche oder Schlangen. Beispielsweise verschlingt der Schreiadler gern Ringelnattern und auch der Schlangenadler macht seinem Namen alle Ehre: Sein Leibgericht sind Schlangen verschiedener Art.

Lebendig verschlungen

Schlangen sind Raubtiere, die je nach Art auf unterschiedliche Weise jagen. Giftschlangen spritzen beim Beißen Gift in ihre Beute. Meistens versucht das Tier zu fliehen, doch es stirbt an den Folgen des Bisses. Mit dem Geruchssinn spürt die Schlange die Beute später auf. Andere Arten fressen die Beute lebend oder umschlingen deren Körper, sodass die Beutetiere ersticken. Mäuse stehen neben Eidechsen und Fröschen bei der Kreuzotter ganz oben auf der Liste der Lieblingsspeisen.

Die Gans

Gans und Ente sind miteinander verwandt und natürlich Schnatterer. Doch die Gans ist deutlich größer und kräftiger als die Ente und hat einen längeren Hals. Das Gefieder einer männlichen Gans, auch Gänserich genannt, ist genauso gefärbt wie das der weiblichen Gänse. Bei den Enten hingegen ist der Erpel farbenfroher als das Weibchen. Gänse kommen überall vor, außer in der Arktis. Sie leben an Seen, Flüssen, in Sumpfgebieten und auch in Wäldern sowie auf Weiden. Da sie sowohl an Land als auch im Wasser leben, sind Gänse gute Läufer und Schwimmer. Hinzu kommt, dass sie über lange Strecken nach Süden ins Winterquartier fliegen können.

Lebenslang treu

Bei vielen Gänsearten finden sich ein Weibchen und ein Männchen zusammen, um eine Familie zu gründen und Junge zu bekommen. Die beiden bleiben dann ein ganzes Leben lang als Paar zusammen. Dies halten auch die bei uns beheimateten Graugänse so.

Der Fuchs

Als naher Verwandter des Hundes besitzt der Fuchs einen schmalen, langen Körper mit relativ kurzen Beinen. Typisch für ihn ist der lange, buschige Schwanz, der bis zu 40 Zentimeter messen kann. Der in Mitteleuropa lebende Rotfuchs hat ein rötliches oder rotbraunes Fell, wobei sein Bauch weiß gefärbt ist. Füchse leben in einem Bau, den sie in der Erde anlegen. Manchmal benutzen oder teilen sie sich den Bau mit einem Dachs, als seien sie beste Freunde.

Landfüchse und Stadtfüchse

Was seinen Lebensraum angeht, ist der Fuchs sehr unkompliziert. Ob in Wäldern, auf Feldern oder im Gebirge – der Fuchs fühlt sich überall wohl. Mittlerweile ist das Raubtier kein reiner Landbewohner mehr, sondern du kannst ihn auch in Großstädten antreffen. Mit viel Glück kannst du ihn in Gärten oder Parks sichten. Auch wenn der Fuchs zutraulich wirkt, solltest du ihn nicht anfassen, da er Krankheiten übertragen kann.

Über Wiesen und Äcker

Ihre Nahrung sucht sich die Gans hauptsächlich an Land. Je nach Jahreszeit futtert sie, was die Natur hergibt. Im Frühjahr frisst sie gern frisches Gras auf den Wiesen. Im Sommer kannst du sie auf dem Acker erblicken, wie sie sich Getreidekörner einverleibt. Darüber hinaus stehen Blätter, Knospen, Kräuter, Wasserpflanzen und Stauden auf ihrem Speiseplan. Einige Gänse können sogar mit ihrem Schnabel Pflanzenteile aus der Erde graben.

Sicher ist sicher

Bist du schon einmal einer Gans zu nahe gekommen? Dann wirst du vermutlich bemerkt haben, dass sie den Schnabel weit aufgerissen hat. Gänse fühlen sich leicht bedroht, da sie viele natürliche Feinde haben. Deshalb suchen sich Gänse auch Futterplätze aus, die nicht zu dicht bewachsen sind, weil sich dort ihre Bodenfeinde schlecht verstecken können.

„Schlau wie ein Fuchs“

Bei der Nahrungssuche zeigt sich, dass der Fuchs ein schlaues Kerlchen ist. Er ist ein Allesfresser und verspeist, was ihm über den Weg läuft. Sein Geruchssinn und sein Gehör sind sehr gut ausgeprägt, das hilft ihm beim Aufspüren von Futter. Mit den spitzen Ohren, die der Fuchs auch nach hinten drehen kann, hört er die leisesten Geräusche. Da er hauptsächlich nachts jagt, verfügt er auch über gute Augen. Außerdem kann er prima klettern und springen. Dass er sich in Städten niedergelassen hat, liegt nicht zuletzt daran, dass er dort ohne großen Aufwand in unseren Abfällen etwas zu fressen findet.

Fuchs, du hast die Gans gestohlen

Wie du aus dem altbekannten Kinderlied weißt, frisst der Fuchs auch gern Gänse. Meistens sind es Jungtiere oder kranke Gänse. Doch nicht nur Hausgänse, die auf Bauernhöfen im Freien gehalten werden, fallen dem Raubtier zum Opfer. Der schlaue Fuchs schafft es sogar, sich in den Stall zu schleichen, um Hühner zu jagen. Ebenso stehen Insekten, Regenwürmer, Vögel und Früchte auf seiner Speisekarte.

Der Storch

Findest du auch, dass der Storch ein auffälliger Vogel ist? Nicht nur der lange, rote Schnabel, die dünnen, langen Beine und seine Größe, die über einen Meter betragen kann, sind beachtlich, sondern auch seine großen Nester sind beeindruckend. Störche, wie unser heimischer Weißstorch, leben überwiegend auf feuchten Wiesen, an Teichen und Sümpfen.

Klappernder Storch

Störche klappern mit ihrem Schnabel, um sich zu verständigen – das Geklapper ist also ihre Sprache.

Der Wasserfloh

Mit bloßem Auge kannst du den Wasserfloh fast gar nicht erkennen, denn er misst nur wenige Millimeter. Doch trotz der Mini-Körpergröße besitzt der Wasserfloh Kiemen, Beine und einen Kopf mit zwei Paar Antennen.

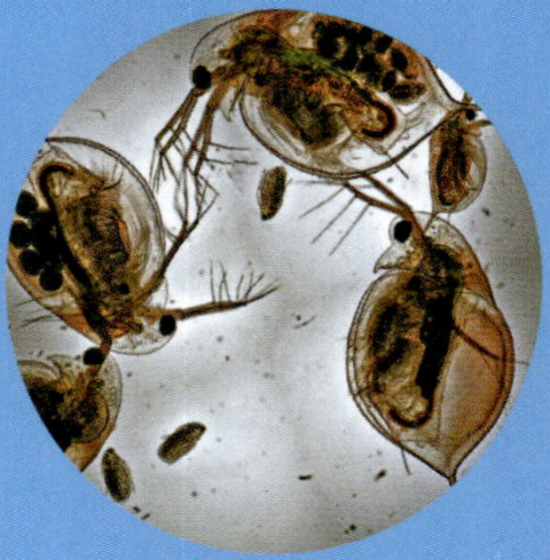

Eine ganze Bande

Das winzige Krebstier lebt hauptsächlich in Süßgewässern, nur selten im Meer oder im Brackwasser. Einen Wasserfloh findest du nie allein, denn die Tierchen kommen in Massen in Teichen und Tümpeln vor.

Eine Libellenlarve

Die Libellenlarve

Wusstest du, dass eine Libellenlarve etwa ein bis zwei Jahre unter Wasser lebt, bevor sie als ausgewachsene Libelle durch die Lüfte fliegt?

Ein langer Weg

In dieser Zeit wächst die Larve heran, indem sie sich mehrfach häutet. Dabei bewegt sich das Insekt langsam aus dem Wasser heraus an die Oberfläche. Meistens klettert die Larve an einer Wasserpflanze hoch, um an die frische Luft zu kommen, wo sie als vollständige Libelle schlüpft.

Hier siehst du eine erwachsene Libelle.

Der Frosch

Frösche leben im Wasser und an Land, deshalb findest du sie vor allem an Seen, Teichen, Bächen und Sümpfen. Dort sitzen sie gern am Ufer und nehmen ein Bad in der Sonne. Ihren typischen „Quak"-Ruf kennst du natürlich. Damit verteidigen die Amphibien ihr Revier und versuchen, Weibchen anzulocken.

Rundblick

Viele Froscharten besitzen große Augen, die wie zwei Kugeln auf dem Kopf sitzen. Damit können sie in alle Richtungen schauen. Unsere heimischen Frösche sind vorwiegend bräunlich oder grünlich gefärbt.

Ge-
wusst wie!

Die unter Wasser lebenden Libellenlarven gehen wie richtige Räuber auf die Jagd. Dabei hilft ihnen die sogenannte Fangmaske. Das ist ihre bewegliche Unterlippe, die hervorschnellen kann, um Beute einzufangen. Hört sich das nicht sehr praktisch an, wie ein eingebauter Kescher? Je nach Libellenart ernähren sich die Larven von Wasserflöhen, Kaulquappen, Mückenlarven oder anderen Insekten.

Sauberes Wasser, bitte!

Der Wasserfloh ist ein wichtiges Glied in der Nahrungskette von Gewässern. Er frisst Algen und ist selbst wertvolle Nahrung für viele Wasserbewohner. Mit seinen Filterborsten filtert der kleine Wasserkrebs sein Futter aus dem Gewässer. Kannst du dir vorstellen, dass man mithilfe von Wasserflöhen feststellen kann, wie sauber das Wasser ist? Das funktioniert, denn Wasserflöhe bewegen sich in verschmutztem Wasser langsamer.

Eine schnelle Zunge

Geht ein Frosch auf die Jagd, hockt er getarnt im Wasser oder an Land auf der Lauer. Wenn er ein Beutetier entdeckt, schleudert er blitzschnell seine lange Zunge heraus und schnappt zu. Die Beute bleibt an der klebrigen Zunge hängen und ist ruck, zuck im Maul. Einige Froscharten springen die Beutetiere auch direkt an, um sie zu packen. Zu ihrer Nahrung gehören Libellenlarven, Schnecken, Würmer, Krebstiere und andere Insekten.

Sommerspeise und Winterschmaus

Je nachdem, wo sie leben, haben Störche verschiedene Lieblingsspeisen. Unser heimischer Weißstorch beispielsweise frisst gern Frösche, Mäuse, Insekten und Würmer. Gelegentlich vertilgt er auch kleine Schlangen oder Fische. Da der Storch ein Zugvogel ist und den Winter in Afrika verbringt, ernährt er sich dort von Heuschrecken.

Kennst du
die Blaumeise ?

Die Blaumeise

Wer kennt sie nicht, die kleine, süße Blaumeise? Die Piepmätze gesellen sich gern in die Nähe des Menschen, so kannst du sie in Gärten, Parks und Grünanlagen beobachten. Ebenso findest du die Blaumeise in Laub- und Mischwäldern. Ihren Namen trägt die Blaumeise wegen ihres blau-gelblichen Gefieders. Auffällig ist das blaue Käppchen oben auf ihrem Kopf über dem weißen Gesicht. Die Flügel- und Schwanzfedern sind auch blau und das Bäuchlein ist gelb.

Beliebte Gartenbesucher

Es kann leicht passieren, dass du die Blaumeise mit ihrer Verwandten, der Kohlmeise, verwechselst. Auch die Kohlmeise ist ein zutraulicher Gast in unseren Gärten. Sie misst mit etwa 14 Zentimetern etwas mehr als die Blaumeise, die etwa elf bis zwölf Zentimeter lang ist. Kennzeichnend für die Kohlmeise ist der schwarze Mittelstreifen auf der gelben Brust. Dieses Brustband siehst du bei der Blaumeise nicht.

Die Wildkatze ist keine Schmusekatze.

Die Katze

Katzen zählen zu den beliebtesten Haustieren. Als treuen Freund haben viele Menschen die Hauskatze zum Schmusen gern, auch wenn sie sich manchmal eigenwillig oder wie eine Kratzbürste verhält. Natürlich weißt du, wie eine Katze aussieht. Sie besitzt einen kräftigen, schlanken Körper mit einem rundlichen Kopf. Wenn du eine Miezekatze streichelst, merkst du, dass sie ein weiches Fell besitzt. An den Pfoten hat der Vierbeiner Krallen wie alle Tiere, die zur Katzenfamilie gehören. Unsere Hauskatze ist beispielsweise mit Löwen, Tigern oder Luchsen verwandt. Katzen können bei richtiger Pflege in Wohnungen gehalten werden, allerdings streunen sie auch gern in der freien Natur umher.

Die wilde Verwandte

Neben den Hauskatzen gibt es auch Wildkatzen. Unsere heimische Europäische Wildkatze ist kräftiger als die Hauskatze und besitzt meist ein gräulich braun geschecktes Fell. Vermutlich ist dir noch keine Wildkatze über den Weg gelaufen. Die Waldbewohner sind sehr scheu und leben als Einzelgänger.

Futter je nach Jahreszeit

Als Allesfresser sucht sich die Blaumeise ihre Nahrung häufig auf Bäumen und Pflanzen. Dabei geht sie sehr geschickt vor: Dank ihres geringen Körperwichtes kann sie sich auf dünnen Zweigen halten. Manchmal pickt sie sogar an Ästen hängend kopfüber nach Essbarem. Es hängt von der Jahreszeit ab, wovon sich die Meise bevorzugt ernährt. Im Frühjahr futtert sie vor allem Pollen und Nektar aus Blüten. Insekten und Spinnen stehen im Sommer häufig auf dem Speiseplan. Im Herbst nascht sie Beeren, Obst und Samen.

Meisenknödel

Hängst du im Winter einen Meisenknödel oder Meisenring auf, hast du gute Chancen, die niedlichen Vögel beim Futtern zu beobachten. Mit Vorliebe picken sie Körner und Nüsse aus den Futterspendern heraus. Mit ihrem spitzen, kräftigen Schnabel können die Piepmätze die Schale von Kernen aufpicken oder Nüsse zerhacken. Auch Larven und Puppen von Insekten werden mit dem praktischen Werkzeug geknackt.

Jagd im Dunkeln

Meistens gehen Katzen nachts auf die Jagd. Dank ihrer scharfen Augen, ihrer Tasthaare und ihres feinen Gehörs können sie ihre Beute auch in der Dunkelheit aufspüren. Sieht oder hört die Mieze ein mögliches Beutetier, schleicht sie sich unbemerkt an. Ist die Gelegenheit günstig, packt die Katze das Beutetier und tötet es mit einem Nackenbiss. Manchmal legt sie sich auch einfach auf die Lauer. Riecht die Katze an einem Mauseloch in der Erde eine leckere Mahlzeit, wartet sie oft Stunden an der Öffnung, bis die Maus zum Vorschein kommt.

Jagd-Übung

Vielleicht ist dir aufgefallen, dass eine Katze manchmal mit der Beute spielt, nachdem sie sie erlegt hat. Damit trainiert sie ihre Jagdtechniken, denn das Jagen müssen Katzen erst erlernen. Neben Mäusen fängt das Raubtier Kaninchen, Amphibien, Reptilien und Vögel, wie beispielsweise die Blaumeise. Dabei helfen der Katze ihre Sprungkraft und ihr Geschick, blitzschnell einen Baum hinaufklettern zu können. Und fällt sie dabei runter, macht ihr das nichts aus. Denn Katzen landen immer auf den Pfoten.

Der Luchs

Der Luchs ist die größte heimische Wildkatze und wird über einen Meter lang. Sein Fell ist gelb bis rotbraun und besitzt dunkle Tupfen. Du erkennst den Waldbewohner an seinen dreieckigen „Pinselohren" und dem kurzen Schwanz mit schwarzer Spitze. Die Haarpinsel an den Ohren helfen ihm, Geräusche in weiter Ferne zu hören.

Der Baummarder

Wie dir sein Name verrät, ist der Marder ein Baumbewohner. Natürlich findest du ihn im Wald auch auf dem Boden, doch am liebsten klettert er die Baumstämme rauf und runter. Sein langer, buschiger Schwanz hilft ihm, das Gleichgewicht zu halten.

„Augen wie ein Luchs"

Der Luchs sieht mit seinen leuchtenden Augen sechsmal besser als der Mensch. Wenn also jemand zu dir sagt, du hättest „Augen wie ein Luchs", meint er, dass du besonders gut gucken kannst.

Weitspringer

Der Baummarder ist nicht nur beim Kraxeln geschickt, sondern kann auch über vier Meter weit springen. Das rötlich braune Raubtier wird etwa einen halben Meter lang: klein genug, um es sich tagsüber in Baumhöhlen und alten Vogelnestern bequem zu machen.

Mäuse können dir überall über den Weg laufen: von den Tropen bis zum Nordkap, in den Städten oder auf dem Land. Da die geselligen Nagetiere sehr anpassungsfähig sind und sich an die Fersen des Menschen geheftet haben, leben sie häufig dort, wo der Mensch wohnt.

Die Maus

Klein und schnell

Bei uns sind vor allem die Hausmaus und die Waldmaus heimisch. Nicht nur die Schnelligkeit, mit der sie durch die Gegend flitzen, ist beeindruckend. Mäuse können gut klettern, springen und schwimmen.

Der Sperber

Der Sperber ist ein heimischer Greifvogel, er besitzt kurze, abgerundete Flügel und einen langen Schwanz. Betrachtest du den Vogel aus der Nähe, wirst du die gelben Augen bemerken, die richtig leuchten.

In der Stadt und auf dem Land

Seinen Lebensraum hat der Sperber eigentlich in Wäldern, doch du kannst ihn ebenso in Dörfern treffen. Selbst in Städten fühlt er sich heutzutage heimisch und lässt sich nicht vom Lärm abschrecken.

Auf der Lauer

Der Sperber ist ein schneller und geschickter Jäger. Meistens sitzt der Greifvogel auf einem erhöhten Platz auf der Lauer, bis er mit seinen scharfen Augen ein Tier erspäht. Blitzschnell macht er sich daraufhin auf in die Lüfte. Mit seinen Krallen greift und erlegt er das Tier. Zu seiner Beute zählen vor allem kleinere Vögel wie Meisen, Drosseln oder Sperlinge. Doch auch kleine Säugetiere wie Mäuse und Fledermäuse sind für den Vogel ein Leckerbissen.

Nicht nur Käse

Hast du schon einmal gehört oder gelesen, dass Mäuse gern Käse essen? Diese gängige Meinung stimmt nicht ganz. Sie bevorzugen Insekten und pflanzliche Nahrung wie Samen, Früchte oder Nüsse. Die Waldmaus beispielsweise frisst mit Vorliebe Fichtenzapfen. Für den Fall, dass die Nahrung knapp wird, legen Mäuse sich eine Vorratskammer in ihrem unterirdischen Bau an.

Ein Eierdieb

Neben Eichhörnchen hat es der Baummarder besonders auf Vögel abgesehen. Großen Appetit hat der Baumbewohner auch auf Vogeleier. So plündert er mitunter das ein oder andere Sperbernest und futtert die Eier. Insgesamt ist der Baummarder ein Allesfresser, der sich nachts auf die Jagd macht. Mäuse, Frösche sowie Beeren und Nüsse sind weitere Bestandteile seiner Nahrung.

Flinker Jäger

Da der Luchs ein Einzelgänger ist, macht er sich meist nachts allein auf die Pirsch. Dank seiner längeren Hinterbeine kann das Raubtier flink beschleunigen und schnell rennen. Zunächst legt der Luchs sich auf die Lauer oder schleicht sich an. Beim abschließenden Angriff sprintet der Luchs kurz und springt die Beute an. Zu seinem Futter zählen alle kleineren und mittelgroßen Säugetiere seines Lebensraumes. Im Wald findet er beispielsweise Mäuse, Rehe, Kaninchen, Wildschweine und den Baummarder.

Der Koala

Wer möchte den Koala mit der großen, dunklen Nase, den niedlichen Knopfaugen und den fransigen Ohren nicht ständig knuddeln? Oft wird das gräuliche Säugetier mit dem plüschigen Fell auch Koalabär genannt. Doch eigentlich ist der Koala kein Bär, sondern ein Beuteltier wie das Känguru. Die Weibchen tragen nämlich einen Beutel am Bauch, in dem die Jungen nach der Geburt die ersten Lebensmonate verbringen.

Ein Baumbewohner

Um einen Koala in der freien Natur zu sehen, müsstest du nach Australien reisen. Tagsüber halten sie sich fast ausschließlich auf Bäumen auf, wo sie auch gern und längere Zeit in einer Astgabel schlafen. Dank der spitzen Krallen an Händen und Füßen sind sie hervorragende Kletterer. Ihre „Behausung" verlassen sie nur, um sich einen anderen Baum zu suchen. Koalas sind Einzelgänger, die in einem festen Revier leben. Aber trotzdem schätzen sie die Nähe anderer Koalas, die in den Nachbarrevieren wohnen.

Der Dingo

Obwohl der Dingo von den Haushunden abstammt, ist es nicht sinnvoll, ihn als Haustier zu halten, dafür sind die Tiere meist viel zu wild. Dingos werden bis zu einem Meter lang und besitzen eine lange Schnauze sowie nach oben stehende Ohren. Ihr Fell ist kurz mit einem buschigen Schwanz. Die Farbe des Felles kann unterschiedlich sein. Meistens sind die Raubtiere rotbraun oder gelbbraun, doch du kannst auch dunklere oder sogar weiße Dingos beobachten.

Streuner

Bei uns kannst du Dingos leider nicht beobachten. Sie sind vor allem in Australien und in asiatischen Ländern wie Thailand oder Indonesien beheimatet. Die Rudeltiere sind sehr anpassungsfähig und bewohnen die unterschiedlichsten Gebiete: Wüsten, Regenwälder und Graslandschaften. Tagsüber streunen sie durch die Gegend, während sie sich nachts ausruhen.

Sehr wählerisch

Kannst du dir vorstellen, jeden Tag das Gleiche zu essen? Das wäre nicht nur ungesund für Menschen, sondern auch langweilig. Dem Koala macht das nichts aus, denn er ernährt sich fast ausschließlich von Eukalyptusblättern und -rinde sowie von den Früchten der Eukalyptusbäume.

Eukalyptusbäume und -sträucher sind immergrüne Pflanzen, die hauptsächlich in Australien wachsen. Du kennst Eukalyptus vielleicht von den Kräuter-Bonbons, die den Husten lindern sollen. Der Koala frisst allerdings nicht jede Eukalyptusart, sondern nur solche, die wenig Giftstoffe enthalten. Das Beuteltier muss sich also die bekömmlichsten Blätter heraussuchen.

Alles schmeckt

Wer in seinem Verhalten und bei der Wahl seines Lebensraumes anpassungsfähig ist, der zeigt sich bei der Nahrungssuche ebenfalls unkompliziert. Dingos ernähren sich hauptsächlich von Säugetieren. Sie spezialisieren sich dabei auf das, was die Region hergibt, in der sie leben. In Australien jagen sie beispielsweise Kängurus, Kaninchen, Rinder und Ratten. Auch der Koala steht auf ihrem Speiseplan. Dingos, die an der Küste leben, fressen Fische, Krabben und tote Meeresbewohner, die angeschwemmt werden.

Kein Durst

Bemerkenswert ist, dass die Koalas nur selten trinken. Flüssigkeit nehmen sie fast ausschließlich über die wasserreichen Eukalyptusblätter auf. Mitunter lecken sie auch den Tau oder die Regentropfen von Blättern ab. In selteneren Fällen fressen Koalas andere Blätter und Erde.

Wie du siehst, ist es gar nicht so leicht, die niedlichen Beuteltiere satt zu bekommen. Daher werden sie bei uns nur in ganz wenigen Zoos gehalten.

Dingos und der Mensch

Die in Asien lebenden Dingos sind in manchen Gegenden auf Küchenabfälle von Menschen spezialisiert. Sie futtern die Reste von unseren Mahlzeiten: Reis, Früchte und Fleisch. Gelegentlich reißen Dingos Schafe von Bauern. In Australien haben die Menschen deshalb einen über 5000 Kilometer langen Maschendrahtzaun gebaut, der die Schafe im Süden des Landes schützen soll.

Der Adler

Ist dir schon einmal aufgefallen, dass im Tierreich die Männchen oft größer sind als die Weibchen? Bei den Adlern ist das jedoch genau umgekehrt, dort liegen die Weibchen bei der Körpergröße vorn. Das hat den Vorteil, dass die Weibchen beim Ausbrüten die Eier mit ihrem Körper besser wärmen können.

Treue Lebensgefährten

Paaren sich ein Adlermännchen und Adlerweibchen, bleiben sich die beiden in der Regel lebenslang treu. Zu unseren heimschen Adlerarten gehören der Steinadler, den du in den Alpen beobachten kannst, und der Seeadler, der in wasserreichen Gebieten lebt.

Im Gegensatz zu Kaninchen haben Hasen viel längere Ohren.

Der Hase

Einen Hasen erkennst du an seinen langen Ohren, dem großen, schlanken Körper und den kräftigen Hinterbeinen. Hasen sind scheue Wildtiere, die mit einer ungeheuren Schnelligkeit über Felder, Wiesen und Hügel jagen. Unser heimischer Feldhase besitzt meist ein bräunliches Fell. Betrachtest du seine Ohren, auch Löffel genannt, wirst du bemerken, dass die Spitzen schwarz gefärbt sind.

Hase oder Kaninchen?

Hase und Kaninchen sehen ähnlich aus, du kannst sie aber trotzdem unterscheiden. Hasen sind größer als Kaninchen und leben nicht in einem unterirdischen Bau, sondern in einer Bodenmulde, die Sasse genannt wird. Solltest du einen Hasen entdecken, ist er vermutlich allein, denn er ist ein Einzelgänger. Kaninchen hingegen leben in Gruppen.

Der Fuchs

Wie du weißt, besitzt der Fuchs einen langen, schlanken Körper. Auch sein Kopf ist schmal, mit der typischen spitzen Schnauze und den dreieckigen Stehohren. Diese Körperform ist praktisch, denn so kann das Wildtier durch kleine Öffnungen in unterirdische Bauten schlüpfen oder sich in einen Hühnerstall schleichen. Der Fuchs ist auf der nördlichen Erdhalbkugel und in Australien weit verbreitet.

Winterpelz und Sommerfell

Nicht nur du ziehst dich im Winter wärmer an als im Sommer. Unserem heimischen Rotfuchs wächst für die eisigen Wintermonate ein dichtes Winterfell, das ihn vor Kälte schützt. Zum Frühjahr hin verliert er die dichten Haare und bekommt ein Sommerfell.

In der Dämmerung wird gemümmelt

Tagsüber verbringt der scheue Hase die Zeit meistens in seiner Bodenmulde. Dort ruht er sich aus und versteckt sich vor möglichen Feinden. Erst wenn es langsam Nacht wird, begibt er sich auf die Suche nach Essbarem. Auf seinem Speiseplan stehen Löwenzahn und andere Kräuter, Gras, Kohl, Pflanzenwurzeln sowie Getreide. Sollte die frische Kost im Winter knapp werden, knabbert er die Rinde junger Bäume an. Doch auch wenn er Baumrinde annagt, zählt der Hase anders als die Maus nicht zu den Nagetieren. Hasen haben ein etwas anderes Gebiss als die Nager und können ihr Futter nicht mit den Vorderfüßen halten.

Sehr trickreich

Der Fuchs hat viele Jagdtaktiken parat, je nachdem, wer seine Beute werden soll. Hat er es auf einen Raben abgesehen, stellt sich das schlaue Raubtier tot, um den Aasfresser anzulocken. Ist der Rabe dann in Reichweite, schnappt er blitzschnell zu. Der Fuchs selber ist ebenfalls ein Aasfresser. Zu seiner Beute zählen außerdem Hasen und Kaninchen. Doch kannst du dir vorstellen, dass ein Fuchs und ein Kaninchen friedlich zusammenleben? Das ist tatsächlich möglich, denn vereinzelt zieht der Fuchs in den Bau eines Kaninchens mit ein. Allerdings ist das friedliche Verhältnis oberhalb der Erde vorbei.

Geschickter Jäger

Der Adler schnappt seine Beute aus der Luft, indem er blitzschnell nach unten stürzt und das Tier mit den kräftigen Krallen packt. Dabei ist er geschickt und mutig, denn er erlegt Tiere, die größer und schwerer sind als er selbst, wie beispielsweise junge Gämsen oder Rehkitze. Diese großen Brocken zerlegt er vor Ort und kommt zum Fressen zurück. Ist die Beute jedoch leichter als der Adler selbst, schleppt er sie durch die Lüfte in sein Nest, den Horst. Dort wird dann gefuttert. Auf seinem Speiseplan stehen ebenfalls Füchse sowie Hasen und Kaninchen.

Kaiserpinguine

Der Fisch

In fast allen Gewässern unserer Erde leben Fische. In warmen, tropischen Seen wie dem Viktoriasee in Afrika schwimmen die Wasserbewohner bei milden 25 Grad Celsius umher. Im Meer der bitterkalten Antarktis hingegen müssen die Tiere Wassertemperaturen unter – 1 Grad Celsius aushalten.

Zwergpinguine

Der Pinguin

Die Vögel mit den stromlinienförmigen Körpern können nicht fliegen und nur relativ langsam gehen. Ihre Flügel benutzen sie zum Schwimmen, denn das Wasser ist ihr eigentlicher Lebensraum. Nur zum Brüten und wenn sie ihr Federkleid wechseln, begeben sie sich an Land. Pinguine kannst du nur auf der südlichen Erdhalbkugel finden. Sie leben vor allem in der Antarktis sowie an den Küsten Südamerikas und Australiens.

Groß und klein

Es gibt verschiedene Pinguinarten, die sich in der Größe und dem Aussehen unterscheiden. Der Zwergpinguin wird etwa 30 Zentimeter groß, während der antarktische Kaiserpinguin über 1,20 Meter misst.

Der Orca

Der Orca ist ein riesiger Meeressäuger, der zur Familie der Delfine gehört. Er ist auch als Schwertwal oder Killerwal bekannt. Über neun Meter lang und mehrere Tonnen schwer kann der Orca werden. Auffällig ist seine schwarzweiße Musterung, die du auf Bildern sicher schon einmal gesehen hast. Der schwarze Rücken bildet einen Kontrast zu dem weißen Bauch und dem weißen Fleck hinter den Augen.

Küstengewässer bevorzugt

Die in Gruppen lebenden Orcas bevorzugen die Küstennähe. Sie haben es gern etwas kühler, deshalb kannst du ihre dreieckige, schwarze Finne vor allem im Nordpazifik, im Nordatlantik und in den Polarmeeren erspähen.

Der Seeleopard

Der Seeleopard ist eine Robbenart, die über drei Meter lang werden kann. Wie alle Robben lebt der silbergraue Seeleopard mit den dunklen Flecken auf dem Fell im Wasser und an Land. Du triffst das Raubtier nur in den Meeren und an den Küsten der Antarktis sowie im Süden Amerikas und Australiens an.

Schwerer Schwimmer

Ein Seeleopard kann bis zu 500 Kilogramm schwer werden. Sein stromlinienförmiger Körper und seine langen Flossen machen ihn trotzdem zu einem guten und schnellen Schwimmer.

Hinein in den Fischschwarm

Da Pinguine hauptsächlich im Meer leben, jagen sie dort ihre Beute. Sie tauchen oft sehr tief und schwimmen zur Nahrungssuche bis zu 100 Kilometer weit. Haben die Pinguine einen Fischschwarm aufgespürt, schlagen sie sich den Bauch mit so vielen Fischen voll, wie sie erwischen können. Neben Fischen fressen die niedlichen Tiere, die unter Wasser sehr gut sehen können, auch Krebse und Krill.

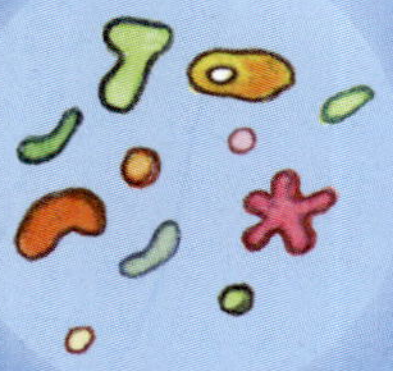

Klein, aber lecker

Bei vielen Fischarten steht Plankton auf dem Speisezettel. Das sind Algenarten oder auch kleine Tierchen wie Krebse oder Würmer. Plankton kann so klein sein, dass du es mit bloßem Auge nicht erkennen kannst. Besonders im Polarmeer lassen sich nicht nur Fische, sondern auch Robben und Wale diese Kleinstlebewesen schmecken.

Gefährlicher Jäger

Als ein gewandter Jäger erbeutet der Seeleopard seine Nahrung sowohl im Wasser als auch an Land. Im Wasser hat es das Raubtier meist auf Pinguine abgesehen, die es dort tötet und zum Futtern an Land schleppt. Es kann auch passieren, dass ein Seeleopard einen Pinguin packt, der am Rande des Eises steht. Nicht nur Pinguinen wird diese Robbe gefährlich, auch andere Robbenarten stehen auf ihrem Speiseplan.

Trickreiche Räuber

Orcas gehen oft in Gruppen auf Jagd und teilen die Beute untereinander. Auf ihrem Speiseplan stehen Fische, Meeresschildkröten, Seevögel, Delfine und Robben wie der Seeleopard. Dabei stellen die Schwertwale sich sehr raffiniert an. Zum Beispiel schubsen sie manchmal Robben von Eisschollen herunter, um sie zu erbeuten. In der Nahrungskette der Ozeane stehen die Säugetiere ganz oben und besitzen keine natürlichen Feinde. Deshalb ist es nicht verwunderlich, dass einzelne Orcas über 80 Jahre alt werden.

Der Tiger

Der Tiger ist die größte lebende Raubkatze. Einige Männchen werden sogar über drei Meter lang. Wie ein Tiger aussieht, weißt du natürlich: Das orangebraune Fell mit den schwarzen Streifen ist kennzeichnend für die Großkatze.

Bedrohte Raubtiere

Nur in wenigen Ländern wie Russland, Indien, Thailand oder Indonesien sind Tiger beheimatet. Je nach Lebensraum unterscheiden sich die Tiger in ihrem Äußeren, man spricht daher von verschiedenen Unterarten. Der Sibirische Tiger bewohnt Wälder, Flachland oder Gebirge im Nordosten Asiens. Dort herrscht ein kühles Klima, dem Tiger macht aber selbst Schnee nichts aus. Der Sumatra-Tiger hingegen hat seinen Lebensraum im tropischen Regenwald. Insgesamt gibt es noch sechs lebende Tigerunterarten, die aber alle vom Aussterben bedroht sind. Die wenigen wild lebenden Exemplare sind scheue Einzelgänger.

Der Affe

Es ist beeindruckend, wie geschickt sich die menschenähnlichen Tiere von Baum zu Baum hangeln. Möchtest du einen Affen einmal in freier Natur erleben, müsstest du nach Südamerika, Afrika oder Asien reisen. Dort sind die meisten Affenarten in den tropischen Wäldern verbreitet. Viele Affen leben auf Bäumen, ihr Körperbau ist diesem Lebensraum angepasst: Sie können mit ihren kräftigen, längeren Hinterbeinen gut klettern. Mit den Händen und Füßen können sie greifen und sich durch die Wälder schwingen.

Die zotteligen Orang-Utans gehören ebenfalls zu den gefährdeten Arten.

Gefährdete Arten

Weltweit gibt es einige Hundert Affenarten. Leider sind viele dieser Arten gefährdet. Die Zerstörung ihres Lebensraums, wie die Abholzung der Regenwälder, ist ein Grund dafür. Die riesigen Gorillas mit dem schwarzen Fell und die schlauen Schimpansen gehören zu den gefährdeten Tieren. Die Kletterkünstler mit dem rötlichen, zotteligen Fell, die Orang-Utans, kannst du in freier Wildbahn nur noch auf den asiatischen Inseln Sumatra und Borneo beobachten.

Die süßesten Früchte

Viele Affenarten futtern hauptsächlich Früchte. Das ist kein Wunder, denn die süßen Früchte wachsen genau vor ihrer Nase auf Bäumen und Sträuchern. Die Affen müssen sich nur bedienen. Verschiedene Affenarten wie die Gorillas sind reine Pflanzenfresser, sie verputzen neben Früchten auch Blätter, Zweige, Blüten, Knollen und Pilze. Andere Arten wie die Schimpansen oder Orang-Utans vertilgen neben Pflanzen auch tierisches Futter wie Insekten, Vogeleier und kleine Wirbeltiere.

Die Männchen kommen

Die meisten Affen begeben sich tagsüber auf die Jagd. Je nach Art gehen sie entweder in einer großen Gemeinschaft oder als Einzelgänger auf Beutefang. Bei den Schimpansen ist es beispielsweise üblich, dass eine Gruppe erwachsener Männchen gemeinsam jagt. Waren die Affen erfolgreich, wird das Fleisch in der Gruppe geteilt.

Auf lautlosen Pfoten

Da der Tiger ein Einzelgänger ist, geht er allein auf die Pirsch. Zunächst schleicht er sich langsam und lautlos an das Beutetier heran. Ist die Beute nah genug für den Tiger, stürzt er sich mit einem großen Satz auf sie. Je nach Größe des Beutetiers krallt er sich mit den Pranken fest, drückt das Tier auf den Boden und tötet es mit einem Biss in den Nacken oder in die Kehle.

Großer Hunger

Wer groß und stark ist, muss natürlich viel fressen. Deshalb verdrückt ein Tiger bis zu zehn Kilogramm Fleisch am Tag. Die Art der Beute hängt vom Lebensraum der Großkatze ab. Der Sibirische Tiger jagt vor allem Hirsche, Wildschweine und Rehe. Der Königstiger, der vor allem in Indien und Bangladesch zu Hause ist, ernährt sich ebenfalls von großen Säugetieren. Auf seiner Speisekarte stehen auch Affen. Der Sumatra-Tiger, der auf das Nahrungsangebot seiner Insel angewiesen ist, futtert unter anderem die dort lebenden Orang-Utans.

Der Maulwurf

Einen Maulwurf hast du vielleicht noch nicht gesehen, denn das Säugetier lebt unter der Erde. Aber ein Maulwurfhügel auf der Wiese oder im Garten ist dir bestimmt schon aufgefallen. Der kleine Hügel entsteht, wenn der Bodenbewohner mit seinen Vorderfüßen dicht unter der Erdoberfläche Gänge und Kammern buddelt.

Eine feine Nase

Der etwa 14 bis 16 Zentimeter lange Maulwurf mit dem schwarzen, samtweichen Fell besitzt einen walzenförmigen Körper. Sehen kann der kleine Kerl nicht sehr gut, aber dafür spürt er die Erderschütterungen und kann mit seiner spitzen Nase gut riechen und tasten.

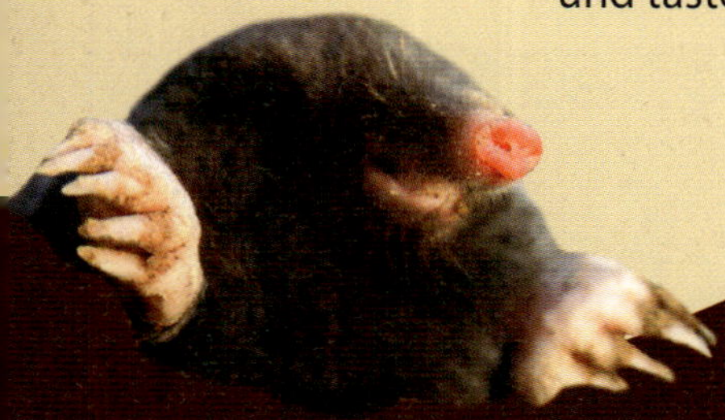

Der Regenwurm

Die etwa vier bis 30 Zentimeter langen, rötlich braun gefärbten Würmer leben im Boden. Sie graben ihr Leben lang kreuz und quer Gänge durch die Erde.

Warum heißt der Regenwurm Regenwurm?

Woher der Regenwurm seinen Namen hat, ist nicht ganz eindeutig. Einige Menschen behaupten, der Grund sei, dass der Wurm bei starkem Regen an die Erdoberfläche kriecht. Andere sagen, dass der Name von der alten Bezeichnung „reger Wurm“ kommt. So wurde nämlich der Wurm, der fleißig im Boden arbeitet, früher genannt.

Der Mäusebussard

Bei uns ist der Mäusebussard der am weitesten verbreitete Greifvogel. Du findest den mittelgroßen Vogel vor allem in Wäldern und an Waldrändern, aber auch auf Feldern und Wiesen. Das Federkleid des Mäusebussards kann unterschiedliche Färbungen besitzen: fast weiß, grau, braun oder dunkelbraun.

Wie eine Katze

Besonders gut kannst du den Mäusebussard an seinem Ruf erkennen. Im Flug schreit der Vogel einen miauenden Laut, der wie „bijä" oder „mijau" klingt.

Der Habicht

Einen Habicht kannst du leicht mit einem Mäusebussard verwechseln. Doch der Habicht wirkt etwas schlanker und besitzt einen längeren Schwanz. Sein Gefieder ist auf der Oberseite graubraun und auf der Unterseite weiß mit einer dunkelbraunen Bänderung.

Weit verbreitet

Den Greifvogel kannst du in Wäldern und auf freien Feldern entdecken. Doch auch in Stadtwäldern und Parks von größeren Städten kommt er seit einigen Jahren vor.

Nützlicher Erdbewohner

Regenwürmer fressen hauptsächlich Humus, das sind vermoderte oder abgestorbene Pflanzenreste sowie Blätter und winzige Kleinlebewesen in der Erde. Während sie graben und fressen, lockern und belüften die länglichen Gesellen den Erdboden. Jeder Gärtner ist ihnen dankbar, denn in lockerem Boden wachsen die Pflanzen besser. Ein weiterer Vorteil der Regenwürmer ist, dass ihr Kot guter Dünger für die Pflanzen ist.

Schneller Jäger

Um zu jagen, begibt sich der Mäusebussard auf einen erhöhten Platz wie zum Beispiel auf einen Zaun oder Mast. Hat er am Boden Beute erspäht, stürzt sich der Vogel blitzschnell auf das Beutetier. Bei der Nahrungssuche kann der Greifvogel ebenso lange Zeit über freie Felder kreisen und dann aus dem Sturzflug heraus die Beute am Boden schlagen. Wie dir sein Name verrät, jagt der Mäusebussard mit Vorliebe Mäuse. Andere Tiere wie der Maulwurf oder Insekten und Aas stehen ebenfalls auf seiner Speiseliste.

Ein Tunnel-Jäger

Der Maulwurf geht in seinem unterirdischen Tunnelsystem auf die Jagd. Er legt sich dabei in den Gängen auf die Lauer und lauscht, ob sich etwas unter der Erde bewegt. Besonders auf tierische Nahrung wie Regenwürmer und Raupen hat der Maulwurf es abgesehen. Doch auch Schnecken und Insektenlarven, die oft Pflanzen und Wurzeln anfressen, gehören zu seiner Beute. Auf diese Weise hilft der Maulwurf dem Gärtner, die Pflanzen vor Schädlingen zu schützen.

Greifvogel gegen Greifvogel

Dank seiner kräftigen Flügel und des langen Schwanzes ist der Habicht ein schneller und wendiger Jäger. Oft wartet er an einem versteckten Platz, um dann blitzartig Beute am Boden zu schlagen. Seine Nahrung richtet sich nach dem Angebot der Umgebung. Oft fängt er Mäuse, Kaninchen und kleinere Vögel. Da Habichtweibchen größer als die Männchen sind, erbeuten sie Tiere bis zur Größe eines Huhns. Selbst andere Greifvögel wie der Mäusebussard stehen auf dem Speiseplan.

Der Dachs

Unverwechselbar an einem Dachs ist seine schwarz-weiße, rüsselartige Schnauze. Tagsüber verkriecht sich der Dachs in seiner unterirdischen Höhle, die oft fünf Meter tief und viele Meter lang sein kann. Üblicherweise bewohnen mehrere Generationen einen Dachsbau. Oft leben Großeltern, Eltern und Kinder in einem Clan.

Menschenscheuer Bewohner

Da der Dachs besiedelte Gebiete meidet, müsstest du auf dem Land in Laub- oder Mischwäldern nach dem gedrungenen Tierchen Ausschau halten. Es ist allerdings ziemlich unwahrscheinlich, dass du einen Dachs aufspürst, er ist nämlich ziemlich scheu.

Der Wolf

Den Wolf könntest du fast mit einem Schäferhund verwechseln, doch der Wolf ist deutlich größer und hat längere Beine. Sein Fell besitzt eine graubraune Färbung. Nachdem der Wolf in Europa fast ausgerottet war, gibt es ihn seit einigen Jahren wieder bei uns. Das Raubtier ist anpassungsfähig – du findest es im Flachland wie im Gebirge.

Rudeltier

Wölfe leben in einem Rudel. Das ist vergleichbar mit einer Familie bei uns Menschen. Mit Eltern und Geschwistern ziehen die Wölfe durch ein festes Revier, das sie durch Urin und Heulen markieren.

Der Igel

Mit großem Glück kannst du an einem Sommerabend im Garten einen Igel rascheln hören oder den kleinen Gesellen mit den braunen Stacheln sogar zu Gesicht bekommen. Igel verstecken sich gern, daher findest du sie vor allem in Gebüschen, Hecken, an Waldrändern oder im Gestrüpp.

Stacheliger Schutzhelm

Fühlt sich der Igel bedroht, kommt sein eingebauter Schutzhelm zum Einsatz: Der niedliche Einzelgänger rollt sich einfach ein und wird somit zu einer Stachelkugel, die niemand gern berühren möchte.

Die Schnecke

Gehäuseschnecken verkriechen sich bei Gefahr und im kalten Winter ins Schneckenhaus. Doch es gibt auch Schnecken ohne Haus, wie die Nacktschnecken. Diese kannst du nach einem Regenschauer häufig im Garten oder auf einem Weg beobachten.

Langsam wie eine Schnecke

Landschnecken bewegen sich nur wenige Zentimeter in einer Minute. Dabei gleiten sie auf einer Schicht von Schleim, den die Weichtiere selbst herstellen.

Auf zum Schlemmen

In der Dämmerung und nachts begibt sich der Igel auf Futtersuche. Seine feine Nase und das gute Gehör helfen ihm dabei, Leckerbissen aufzuspüren. Seine Beute besteht aus Schnecken, Regenwürmern, Insekten, Fröschen und kleinen Vögeln. Pflanzen und deren Früchte lässt sich der kleine Kerl ebenso munden.

Im Regen schmeckt es besonders

Der Speiseplan einer Schnecke ist bei den verschiedenen Arten unterschiedlich. Gehäuseschnecken ernähren sich vor allem von welken Blättern und Pflanzenteilen. Wie alle Schnecken nehmen sie das Futter mithilfe ihrer Raspelzunge auf, auf der sich kleine Zähnchen befinden. Nacktschnecken fressen mit Vorliebe frische Blätter, Blüten und junge Pflanzen. Da Nacktschnecken gern nachts und bei Feuchtigkeit unterwegs sind, ist am Morgen nach einem Sommergewitter das Gemüse in den Beeten oft angefressen.

Rudeljäger

Wenn es dunkel wird, begeben sich die Wölfe auf die Jagd. Mithilfe ihres guten Geruchsinns spüren sie die Beute auf. Nach dem Motto „Gemeinsam sind wir stark" jagen sie im Rudel. So können die Raubtiere größere Beutetiere erlegen, zum Beispiel mit diesem Trick: Ein paar Wölfe jagen die Beute in eine bestimmte Richtung, wo der Rest des Rudels lauert und dann das Tier überwältigt. Zur Nahrung der Wölfe gehören Rehe, Hirsche, Wildschweine und andere, kleinere Säugetiere wie Hasen oder Dachse.

Auf der Suche mit der Schnüffelnase

Wie du weißt, verkrümelt sich der Dachs am Tag in seiner Höhle. Nachts geht das Säugetier auf Nahrungssuche. Mit seiner auffälligen Nase schnüffelt er, was die Natur an Futter für ihn bereithält. Der Dachs frisst, was ihm vor die Schnauze kommt: Zu seiner Beute gehören Insekten, Würmer und Säugetiere wie Mäuse oder Igel. Auch Aas verschmäht er nicht, ebenso wenig wie Früchte, Beeren oder Wurzeln.

Die Mücke

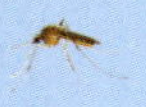

Du sitzt an einem Sommerabend gemütlich im Garten, doch plötzlich schwirrt etwas Summendes um dich herum. Das könnte eine Mücke sein. Das summende Geräusch entsteht, wenn sich die Flügel der kleinen Insekten sehr schnell bewegen.

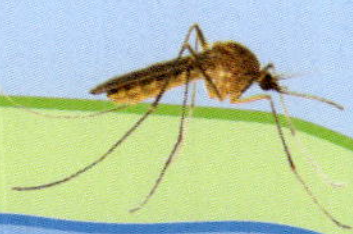

Tümpel, Regentonnen und Pfützen bevorzugt

Mücken sind anpassungsfähige Lebewesen, die du fast überall antreffen kannst. Am häufigsten findest du sie in der Nähe von Gewässern, wo sie ihre Eier auf der Wasseroberfläche ablegen.

Die Ameise

Eine Ameise triffst du selten allein, denn die kleinen rötlich, braun oder gelblich gefärbten Insekten bilden große Verbünde. Ameisen leben in einem Staat, der aus einer oder mehreren Königinnen, Arbeiterinnen und Männchen besteht. Jede Ameise hat in dieser Gemeinschaft ihren festen Platz und eine Aufgabe. Nur die Königin kann Nachwuchs bekommen.

Hier und dort

Überall auf der Welt sind Ameisen zu Hause. Du kannst sie besonders häufig auf Wiesen und in Wäldern antreffen. Dort errichten sie unterirdische Nester, die du von außen an einem Ameisenhaufen erkennen kannst.

Der Specht

Einen Specht kannst du selbst in einiger Entfernung hören, wie er mit seinem starken Schnabel gegen Äste und Bäume trommelt. Spechte suchen so ihr Futter, bauen Nisthöhlen, grenzen ihr Revier ab und versuchen, Weibchen anzulocken.

Je älter, umso besser

Du findest Spechte überall dort, wo es Bäume gibt. Besonders wichtig für den Vogel sind alte, tote Bäume. In diese hackt der Specht in mühevoller Arbeit eine Nisthöhle. Die bei uns häufigste Art ist der Buntspecht, der durch seine schwarz-weiß-rote Färbung auffällt.

Die Spinne

Spinnen gibt es seit vielen Millionen Jahren auf der Erde. Du kannst die anpassungsfähigen Tiere überall antreffen: im Warmen, im Kalten, im Gebirge, auf dem flachen Land, drinnen im Haus und draußen auf der Wiese. Es gibt sogar eine Spinnenart, die unter Wasser lebt.

Spinnennetz

Ganz bestimmt hast du schon einmal ein Spinnennetz gesehen. Dieses Gebilde weben die achtbeinigen Krabbeltiere aus Spinnenseide, die sie in ihrem Körper in Spinndrüsen produzieren. Doch nur etwa die Hälfte aller Spinnenarten fertigt Netze an.

Ein Blutsauger

Hattest du schon einmal einen Mückenstich? Dann hat dich eine weibliche Mücke gepiesackt. Mithilfe des Stechrüssels piksen die Weibchen in die Haut und saugen Blut, von dem sie sich ernähren. Das Blut ist wichtig für die Fortpflanzung der Mücken, da sie sonst keine Eier bilden können. Männliche Mücken stechen nicht, sie ernähren sich von süßen Pflanzensäften. Auch wenn Mückenstiche lästig sind, spielen die Blutsauger eine wichtige Rolle in vielen Nahrungsketten der Natur. Sie sind Beute für viele andere Tiere.

Im Netz gefangen

Bei vielen Spinnen kannst du ganz einfach beobachten, wie sie ihre Beute fangen: Sie weben ihr Netz und warten, bis ein Beutetier dort hineinfliegt. Die Seidenfäden sind belastbar und dehnbar wie Gummi, deshalb reißen sie nicht, wenn beispielsweise Mücken oder Fliegen hineinfliegen und hängen bleiben. Andere Spinnenarten erbeuten ihre Nahrung, indem sie die Beute anspringen und dann überwältigen. Spinnen fressen nicht nur Insekten, sondern lassen sich auch andere Spinnen, Aas und pflanzliche Nahrung schmecken.

Ein Picker

Nicht nur zum Trommeln oder Aushöhlen von alten Bäumen nutzt der Specht den Schnabel. Mit seinem spitzen Mundwerkzeug hackt er Nahrung wie Insekten oder Larven aus der Baumrinde. Unser heimischer Grünspecht hat sich bei der Futtersuche auf Ameisen spezialisiert. Er hockt auf dem Boden und schlägt mit dem Schnabel Löcher in Ameisennester, um bis in die unterirdischen Gänge vorzudringen.

Mini-Beißer

Die verschiedenen Ameisenarten ernähren sich unterschiedlich. Unsere heimische Rote Waldameise frisst Insekten, Larven und Spinnen. Ebenfalls stehen Pflanzensäfte und die Ausscheidungen von Blattläusen auf ihrem Speiseplan. Die tropischen Wanderameisen gehen in einer riesigen Gruppe von über tausend kleinen Beißern auf die Jagd und erbeuten sogar Schlangen, Vögel und Schildkröteneier.

Der Thunfisch

Der am Rücken blau und am Bauch grau gefärbte Thunfisch kann bis zu vier Meter lang werden. Er ist kräftig gebaut und besitzt neben einigen Rückenflossen eine sichelförmige Schwanzflosse. Kannst du dir vorstellen, immer in Bewegung zu sein? Der Thunfisch hat keine andere Wahl. Er muss ständig schwimmen, um zu atmen. Durch den Wasserstrom, der durch seine Kiemen fließt, nimmt er Sauerstoff auf.

Ein Wandersmann

Thunfische leben in tropischen und überwiegend warmen Gewässern wie dem Nordatlantik, Nordpazifik, Mittelmeer und Schwarzen Meer. Im Laufe eines Jahres legen die Thunfisch-Schwärme mehrere Tausend Kilometer zurück. Der Rote Thunfisch aus dem Atlantik wandert beispielsweise zu den Laichplätzen im Mittelmeer oder in den Golf von Mexiko.

Die Qualle

Hast du am Meer schon einmal eine Qualle gesehen? Hoffentlich bist du ihr nicht zu nah gekommen, denn manche der glibberigen Tiere können auf der Haut brennen. Von der Seite sieht eine Qualle aus wie ein Schirm, der unten in der Mitte eine Mundöffnung hat. Die Nesseltiere, die zum allergrößten Teil aus Wasser bestehen und durchsichtig sind, können von einem Millimeter bis zu mehreren Metern groß werden.

Manche Quallen leuchten sogar im Dunkeln.

Giftiger Meeresbewohner

In allen Meeren kannst du Bekanntschaft mit Quallen machen. In Europa triffst du zum Glück auf harmlosere Exemplare, die bei Berührung zwar brennen, aber keinen Menschen töten können. Die giftigsten Quallen findest du in den Tropen und an der australischen Küste.

Der Weiße Hai

Den Weißen Hai kennt wohl jeder – er ist faszinierend und unheimlich zugleich. Der riesige Raubfisch mit dem blaugrauen Rücken und dem weißen Bauch kann bis zu sechs Meter lang werden. Unverkennbar ist seine dreieckige Rückenflosse.

Küstennähe bevorzugt

Den Weißen Hai, der allein, als Paar oder in Gruppen lebt, findest du in fast allen Weltmeeren, außer in den kühleren Gewässern der Arktis und Antarktis. Vor allem in Küstennähe Nordamerikas und Australiens und in der Nähe von Robbenkolonien ist er zu sehen.

Achtung, Hai im Anmarsch!

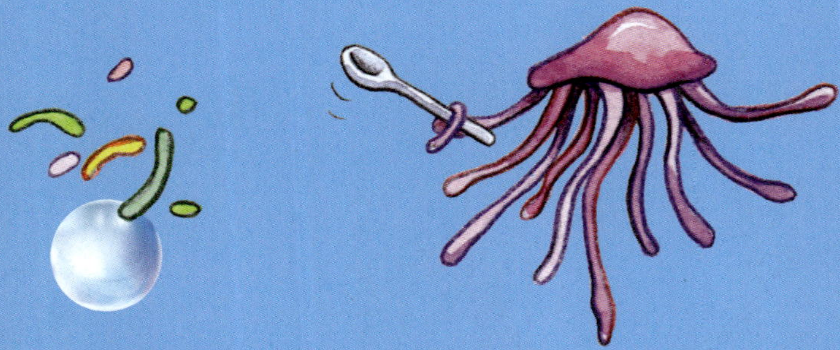

Streck die Fangarme aus!

Quallen jagen mit ihren Fangarmen die Beute. An den Fangarmen, die auch Tentakel genannt werden, befinden sich Nesselzellen. Die darin enthaltenen Nesselkapseln sind mit Gift gefüllt. Berühren die Fangarme beispielsweise einen kleinen Fisch, spritzen die Nesselkapseln blitzschnell Gift in das Beutetier. Der Fisch wird dann mithilfe der Fangarme in den Mund befördert. Sollte eine Qualle einmal einen Fangarm verlieren, so wächst dieser einfach nach. Einige Quallenarten sind Fleischfresser und ernähren sich von Krebsen, Wasserflöhen oder Fischlarven. Andere Arten bevorzugen pflanzenartige Nahrung wie Algen.

Groß und schnell

Bei der Jagd kommt den Thunfischen ihre Fähigkeit zugute, schnell schwimmen zu können. Die Raubfische legen bis zu 80 Kilometer in der Stunde zurück. Sie jagen meistens gemeinsam im Schwarm. Geschwind nähern sie sich der Beute und kesseln diese häufig ein, bevor sie zuschnappen. Bei der Nahrungssuche sind sie nicht wählerisch. Thunfische fressen, was ihnen der Lebensraum bietet. Auf dem Speiseplan stehen kleinere Fische wie Makrelen, Heringe oder Plattfische, Krebse, Tintenfische und auch Quallen. Leider sind einige Thunfischarten gefährdet, da zu viele Fische gefangen werden. So kann es leicht passieren, dass das Gleichgewicht im Meer gestört wird. Dadurch können sich beispielsweise Quallen zu sehr vermehren, da sie somit weniger natürliche Feinde haben.

Spürnase

Der Weiße Hai ist mit seinen Sinnesorganen für die Jagd gut ausgestattet. Zum einen kann er spüren, wenn sich ein Tier in weiter Entfernung bewegt.

Zum anderen besitzt der Hai eine ausgezeichnete Nase, mit der er beispielsweise Blut von verletzen Tieren von Weitem riechen kann. Daher frisst das Raubtier häufig schwache und verletzte Wasserbewohner. Kleine Beutetiere verschluckt er sofort, große verwundet er mit einem kräftigen Biss und wartet, bis diese den Verletzungen erliegen. Zu seiner Nahrung zählen Seelöwen, Robben, Thunfische und Meeresschildkröten.

Glossar

Aas: verwesende Tierleiche

Aasfresser: Tiere, die vorwiegend vom verwesenden Fleisch toter Tiere leben

Antarktis: Gebiet um den Südpol

Arktis: Gebiet um den Nordpol

Bänderung: Muster in Form von Bändern oder Streifen

Hier erkennst du deutlich das Streifenmuster des Wanderfalken.

Brackwasser: Mischung aus Salzwasser und Süßwasser. Brackwasser kommt im Mündungsgebiet von Flüssen vor.

Dünger: ein natürlicher oder künstlicher Stoff, der dem Boden zugefügt wird, damit Pflanzen besser wachsen

Finne: Rückenflosse von Walen und Haien. Sie besitzt eine dreieckige Form.

Garnele: im Wasser lebender Krebs mit einem schmalen, gebogenen Körper und langen Fühlern

Kiemen: Atmungsorgan von vielen Tieren, die im Wasser leben, zum Beispiel von Fischen

Die Kiemen am Kopf des Weißen Hais kannst du hier gut erkennen.

Eichhörnchen-Nest

Kobel: Nest des Eichhörnchens

Kontrast: Gegensatz, Unterschied

Laich: Eier von Tieren (Fischen, Amphibien und Wasserschnecken), die in Schleim oder in eine Gallertschicht gehüllt im Wasser abgelegt werden

Froschlaich

Larve: Zwischenstadium in der Entwicklung vom Ei zum erwachsenen Tier. Ein Larvenstadium kommt bei Insekten und Amphibien vor.

Nesseltiere: im Meer vorkommende Tiere mit Nesselfäden, zum Beispiel Quallen

Plankton: Im Wasser lebende Lebewesen, die sich nicht selbst bewegen können, sondern vom Wasser bewegt werden. Es gibt pflanzliches und tierisches Plankton.

Plattfische: Fische, die einen abgeflachten Körper besitzen und am Grund von Gewässern leben. Zu den Plattfischen zählen Schollen, Flundern und Seezungen.

Die platte Flunder ist am Meeresgrund perfekt getarnt.

Polarmeer: Meer, das einen der beiden Erdpole (Nordpol und Südpol) umgibt

Puppe: Insektenlarve, die sich in einer Hülle befindet. Das letzte Entwicklungsstadium einer Insektenlarve, bevor sie zu einem erwachsenen Insekt wird

Raubtiere: Eigentlich eine bestimmte Gruppe von Säugetieren. Als Raubtiere werden aber im normalen Sprachgebrauch alle Tiere bezeichnet, die andere Tiere jagen und töten.

Reptilien: Kriechtiere. Zu den Reptilien gehören Krokodile, Schildkröten, Echsen und Schlangen.

Verpuppter Schmetterling

Rudel: Gruppe von Säugetieren der gleichen Art, die sich für eine bestimmte Zeit zusammengeschlossen haben

Zebras in der Savanne

Savanne: tropisches Grasland mit einzelnen oder gruppenweise stehenden Bäumen

Steppe: weite, baumlose Ebene, auf der Gras und zum Teil Sträucher wachsen

Weichtiere: Wirbellose Tiere, die oft eine Schale besitzen. Zu den Weichtieren gehören Schnecken, Muscheln und Tintenfische.

Wiederkäuer: Zu den Wiederkäuern gehören Schafe, Rinder, Ziegen, Hirsche, Giraffen, Antilopen und Gazellen. Sie würgen einmal gefressenes Gras später wieder hoch und kauen es noch einmal ausgiebig durch.

Wirbellose Tiere: Tiere ohne Wirbelsäule. Zu ihnen gehören Insekten, Weichtiere, Würmer und Spinnen.

Register

A
Adler 24, 26, 48, 50
Affe 57, 59
Allesfresser 13, 25, 37, 42
Ameise 68, 70
Anakonda 22 f.
Antarktis 11
Antilope 16 f., 19
Arktis 8
Atlantischer Hering 9

B
Baummarder 12, 15, 40, 42
Beuteltier 44 ff.
Blattlaus 5 ff.
Blaumeise 36 f.

D
Dachs 64, 66
Dingo 46, 47

E
Eichhörnchen 12 ff.
Eisbär 8, 10
Eukalyptus 44 ff.

F
Fangmaske 33
Fisch 9, 11, 52 f., 72 ff.
Frosch 34 f.
Fuchs 29 ff., 49 ff.

G
Gans 28 ff.
Gazelle 19
Gnu 16
Gorilla 57, 59
Greifvogel 24, 61 ff.

H
Habicht 62 f.
Hai, Weißer 74 f.
Hase 48 f., 51
Hering, Atlantischer 9
Heuschrecke 24 f.
Humus 61

I
Igel 65, 67

K
Kaiman 20 ff.
Kaiserpinguin 52
Katze 38 f.
Koala 44 f.
Krebs 20 f., 23, 53
Krebstier 32
Krill 8, 53
Krokodil 20

L
Leuchtkrebs 8
Libelle 35
Libellenlarve 32 ff.
Löwe 16, 18 f.
Luchs 40, 42

M
Marder 12, 14 f., 40, 42
Marienkäfer 6 f.
Maulwurf 60, 61
Maus 25, 27, 41, 43
Mäusebussard 61 ff.
Meisenknödel 37
Mücke 68 f.

N
Nagetier 12 f.
Nesseltier 72

O
Orang-Utan 57, 59
Orca 54 f.

P
Phytoplankton 9
Pinguin 52 ff.
Plankton 9, 53

Q
Qualle 72, 75

R
Raspelzunge 65
Regenwurm 60 f.
Reptil 20
Ringelrobbe 11
Robbe 10 f.
Rudel 19

S
Schimpanse 57, 59
Schlange 22 f., 26 f.
Schnecke 65, 67
Seehund 11
Seeleopard 54 f.
Specht 70 f.
Sperber 41, 43
Spinne 69 ff.
Spinnennetz 69 ff.
Storch 32, 34

T
Tentakel 73
Thunfisch 72 ff.
Tiger 56, 58

U
Uhu 14 f.
Urzeitkrebs 20

V
Vogel 4, 6, 52

W
Walross 11
Wasserfloh 32 f.
Wasserkrebs 33
Weißer Hai 74
Wildkatze 39
Wolf 64, 66

Z
Zugvogel 34
Zwergpinguin 52

Bildnachweis

dpa Picture-Alliance; Frankfurt: picture alliance/blickwinkel/McPHOTO 32 (Wasserflöhe); picture alliance/Mary Evans/Ardea Collection 52 (Zwergpinguine)

www.123rf.com: Lin Yan 7 (Marienkäfer); Oleg Znamenskiy 16 (Gnu-Herde); Anan Kaewkhammul 19 (Oryx-Antilope); Mattia D'Antonio 19 (Gazellen); Dmytro Pauk 23 (Flusskrebs); Jolanta Dabrowska 24 (Heuschrecke); Bernard Breton 52 (Kaiserpinguine); feathercollector 52 (Fische); Frederic Brsset 55 (Orca); Kjersti Jorgensen 59 (Gibbon unten rechts); Eric Isselee 60 (Maulwurf oben); Marcin Pawinski 60 (Maulwurf unten); Clinton Moffat 64 (Dachs); Elena Elisseeva 67 (Schnecke); Tomas Sobek 67 (Igel oben); Aleksandar Kitanovic 68 (Mücke); Andrey Pavlov 67, 68 (alle Ameisen); leekris 76 (Wanderfalke); Joe Belanger 76 (Weißer Hai); Alison Bowden 76 (Froschlaich); vilainecrevette 77 (Flunder); andamanse 77 (Savanne)

www.fotolia.de: carballo 4, 44, 45, 47 (Baum); Helgo 11 (Robbe liegt); aslootweg 11 (Robbe Kopf); usbfco 12 (Eichhörnchen); liusa 15 (Baum); Julius Kramer 15 (Baummarder); Friday 19 (Löwen); amaiquez 20 (Kaiman); Bianka Hagge 20 (Einsiedlerkrebs); Lida Salatian 35 (Frosch); Jana Behr 36 (Meisenring); kyslynskyy 40 (Luchsauge); Philipp Wininger 44 (Koala links); Kjersti 59 (Orang-Utan hangelnd); nikolya 68, 70, 71 (Birken)

www.istockphoto.com: kerkla 48 (Hase); photoL 51 (Hasen)

www.shutterstock.com: Reddogs 4 (Amsel); Gez Alvarez 4 (Stieglitz); Radu Bercan 7 (Blattläuse); AndreAnita 8 (Eisbär); Vlada Z 11 (Fische); Miles Away Photography 15 (Uhu); Donovan van Staden (Löwe); cellistka 23 (Schlange); yykkaa 24 (Adler); Kruglov_Orda 27 (Schlange links); Kuznetsov Alexey 27 (Schlange rechts); Szasz-Fabian Jozsef 27 (Maus); Sean Donohue Photo 28 (weiße Gans Mitte); Alexander Erdbeer 28, 31 (Wildgänse fliegend); Elliotte Rusty Harold 28 (Gänsepaar unten); Eric Isselee 31 (Fuchs oben); 36 (Blaumeise freigestellt); 44 (Koalaweibchen mit Baby); Paul Reeves Photography 31 (Füchse unten); majeczka 32 (Störche); Hintau Aliaksei 35 (Libelle); Marek CECH 36 (Blaumeise in Bilderrahmen); Peter Wollinga 39 (Katze freigestellt); Graham Taylor 39 (Wildkatze in Bilderrahmen); Volodymyr Burdiak 40 (Luchs); Mark Caunt 40 (Baummarder); mycteria 43 (Sperber); CreativeNature.nl 43 (Maus); Gary Stevens 47 (Dingo freigestellt); John Carnemolla 47 (Dingo oben); Menno Schaefer 51 (alle Füchse); Mogens Trolle 55 (Seeleopard); Colette3 56 (Tiger links); Arangan Ananth 56 (Tiger rechts); Eric Gevaert 59 (Orang-Utan-Weibchen mit Jungtier); alexsvirid 60 (Regenwurm); BogdanBoev 63 (Mäusebussard); Erni 63 (Habicht); Eduard Kyslynskyy 64 (Wolf); Christian Mueller 67 (Hund mit Igel); Tadas_Naujokaitis 71 (Specht); holbox 72 (Thunfisch); pan demin 72 (Qualle); Jim Agronick 75 (Weißer Hai); Anne Kitzman 76 (Kobel)

www.pixelio.de: Dieter Haugk 12 (Baummarder); cornerstone 71 (Spinne)

Sonstige: Urheber: Uwe Kils, Lizenz: cc-by-sa 8 (Krill); Urheber: André Karwath, Lizenz: cc-by-sa 32 (Libellenlarve); Urheber: Martin Mecnarowski, Lizenz: cc-by-sa 48 (Adler); Urheber: Olaf Leillinger, Lizenz: cc-by-sa 77 (Schmetterlingspuppe)